Noémie Strouk
Fotografien von Aline Prince

MUG CAKES
zum
Genießen

Inhalt

Jetzt ist Kuchenzeit!

Mit Freunden, an einem Geburtstag, zum Schulanfang, oder ganz einfach an einem Samstagnachmittag – der Nachmittagskaffee mit Kuchen ist ein gemütlicher Moment. Dafür kann man ruhig den Kindern die Küche überlassen!

Und was gibt es Leckereres als einen Mug Cake, der in 5 Minuten fertig ist und ihnen Lust macht, ihre Kinderschürzen umzubinden? Hier sind 30 einfache Rezepte, die die Kleinen selbst machen und dann auch essen können!

Kleine Tassen, ein paar Löffel, eine Gabel zum Umrühren und eine Mikrowelle – das ist alles, was man für so einen schnellen Genuss braucht. Es reicht, wenn Sie die Zutaten auf den Tisch stellen, Ihr Kind wird gut zurechtkommen und seinen kleinen Kuchen selbst backen!

Und für die Ungeduldigen unter uns hat der Mug Cake den großen Vorteil, dass man ihn sofort essen kann: wenn er aus der Mikrowelle kommt, lassen Sie ihn ein paar Minuten abkühlen und das ist alles!

Bereiten Sie den Teig in einem großen Becher zu und füllen ihn dann in kleine Tassen, bevor Sie ihn in die Mikrowelle stellen. Teilen Sie den Teig für kleinere Kinder in vier, für die größeren in zwei Teile.

Verwenden Sie gute Zutaten für einen gesunden Genuss: frisches Obst der Saison, Traubenkernöl... Aber vergessen Sie nicht die Streusel und Schokolade, die zu einem festlichen und hübschen Mug Cake für besondere Gelegenheiten dazugehören!

An die Mugs, fertig... genießen!

Mug Cake mit Joghurt

und Himbeermarmelade

Zubereitung: 5 Min.
Backzeit: 1 Min. 10 (800 W)

• Für 4 kleine Mugs zu 100 ml

- 3 EL Mehl
- 1/2 TL Backpulver
- 4 EL feiner Zucker
- 1 Ei
- TL flüssiges Vanillearoma
- 4 EL Joghurt
- 1 EL Traubenkernöl
- 4 TL Himbeermarmelade

1. Mehl, Backpulver und Zucker in einem großen Becher vermischen. Dann das Ei, Vanillearoma, Joghurt und Öl zufügen und gut mischen.

2. In vier Tassen jeweils 1 guten Esslöffel Teig, darauf 1 Teelöffel Himbeermarmelade und darauf wieder 1 Esslöffel Teig geben.

3. 1 Minute 10 in der Mikrowelle backen.

Tipp
Für Schleckermäuler noch 1 Löffel Himbeermarmelade auf den Mug Cake geben!

Mug Cookie
mit Schokotröpfchen und Nüssen

Zubereitung: 5 Min.
Backzeit: 1 Min. 40 (800 W)

· Für 4 kleine Mugs zu 100 ml

· 1 Ei

· 4 EL Rohrzucker

· 1 EL feiner Zucker

· 1 Prise Salz

· 5 EL Mehl

· 1 TL Backpulver

· 2 EL Butter

· 2 EL Schokotröpfchen

· 1 EL gemahlene Haselnüsse

1. Das Ei mit dem Rohrzucker, Zucker und dem Salz in einem großen Becher vermischen. Mehl und Backpulver hinzufügen.

2. Butter in der Mikrowelle 20 Sekunden lang schmelzen lassen und anschließend in den Becher geben. Schokotröpfchen und gemahlene Nüsse unterrühren.

3. Den Teig auf vier kleine Becher aufteilen und in der Mikrowelle 1 Minute 20 backen.

Brownie-Mug-Cake

Zubereitung: 5 Min.
Backzeit: 1 Min. 30 (800 W)

• Für 4 kleine Mugs zu 100 ml

- 1 EL Butter
- 3 EL feiner Zucker
- 1 Ei
- 3 EL Mehl
- 1/2 TL Backpulver
- 1 EL Kakaopulver
- 1 EL gemahlene Pecannüsse
- 1 EL Schokotröpfchen

1. Die Butter in einem großen Becher in der Mikrowelle 20 Sekunden schmelzen lassen.

2. Zuerst den Zucker, dann das Ei gut unterrühren. Anschließend Mehl, Backpulver und Kakao zugeben und alles zu einer homogenen Masse verrühren.

3. Gemahlene Pecannüsse und Schokotröpfchen zufügen. Den Teig auf vier kleine Becher aufteilen und 1 Minute 10 in der Mikrowelle backen.

Kokos-Mug

Zubereitung: 6 Min.
Backzeit: 2 Min. (800 W)

• Für 4 kleine Mugs zu 100 ml

- 1 EL Butter
- 2 EL Rohrzucker
- 1 Ei
- 3 EL Milch
- 3 EL Mehl
- 1/2 TL Backpulver

Für die Schokoladensoße:

- 5 Stückchen dunkle Schokolade
- 2 EL Sahne

1. Die Schokoladensoße zubereiten. Dafür die Schokolade in eine kleine Schüssel reiben. Die Sahne in der Mikrowelle 30 Sekunden lang erwärmen und über die Schokolade gießen. Gut umrühren und zur Seite stellen.

2. In einem großen Becher die Butter in der Mikrowelle 20 Sekunden schmelzen. Alle Zutaten nach und nach zugeben und jedes Mal gut umrühren.

3. Den Teig auf vier kleine Becher aufteilen und 1 Minute 10 in der Mikrowelle backen. Mit der Schokoladensoße servieren.

Mug Cake

mit Schokofondant

**Zubereitung: 5 Min.
Backzeit: 1 Min. 30 (800 W)**

• Für 4 kleine Mugs zu 100 ml

• 5 Stückchen dunkle Schokolade

• 1 EL Butter

• 2 EL feiner Zucker

• 1 Ei

• 1 EL Kakaopulver

• 2 EL Mehl

• 1/2 TL Backpulver

• 4 TL Nutella

1. In einem großen Becker die Schokolade und die Butter in der Mikrowelle 20 bis 30 Sekunden schmelzen. Wenn sie gut geschmolzen sind, zunächst den Zucker, dann das Ei zugeben und gut vermischen.

2. Anschließend den Kakao, das Mehl und das Backpulver unterrühren. Gut vermischen und den Teig auf vier kleine Becher aufteilen.

3. Auf jeden Becher einen Teelöffel Nutella geben und in der Mikrowelle 1 Minute backen. Sie erhalten einen köstlich-lockeren Mug Cake mit einer flüssigen Schokocreme-Füllung.

Variante

Für einen noch intensiveren Schokoladengenuss geben Sie weiße Schokotröpfchen in den Teig!

Nutella-Sandwich

Zubereitung: 7 Min.
Ruhezeit: 2 Min.
Backzeit: 1 Min. 20 (800 W)

• Für 4 bis 6 kleine Sandwiches

- 3 EL Mehl
- 1/2 TL Backpulver
- 4 EL feiner Zucker
- 1 Ei
- 1/2 TL flüssiges Vanillearoma
- 5 EL Sahne
- 1 EL Traubenkernöl
- 4 bis 6 TL Nutella

1. In einem großen, hohen Becher Mehl, Backpulver und Zucker vermischen. Das Ei, das Vanillearoma, die Sahne und das Öl zufügen und gut verrühren. 1 Minute 20 in der Mikrowelle backen.

2. 2 Minuten ruhen lassen und anschließend aus dem Becher lösen. In etwa 1 cm dicke Scheiben schneiden und die Hälfte der Scheiben mit 1 TL Nutella bestreichen. Anschließend die Scheiben zu Sandwiches zusammenlegen.

Tipp
Am besten die Sandwichscheiben mit runden Ausstechern ausstechen. So erhalten sie richtig schöne runde Formen!

Spekulatius-Mug-Cake

Zubereitung: 5 Min.
Backzeit: 1 Min. 10 (800 W)

- **Für 4 kleine Mugs zu 100 ml**
  - 6 Spekulatius
  - 3 EL Mehl
  - 1/2 TL Backpulver
  - 3 EL feiner Zucker
  - 5 EL Sahne
  - 1 Ei
  - 1 EL Traubenkernöl

1. Die Spekulatius in einen Gefrierbeutel geben und mit einer Teigrolle zu Pulver zerbröseln. In einen großen Becher geben und Mehl, Backpulver und Zucker zufügen.

2. Sahne, Ei und Öl gut unterrühren und den Teig auf vier Tassen aufteilen. In der Mikrowelle 1 Minute 10 backen.

Tipp
Für einen Feinschmecker-Mug-Cake vor dem Backen auf den Teig 1 TL Spekulatius-Brösel geben!

Zurück im Obstgarten

Himbeer-Mug-Cake
mit weißer Schokolade

Zubereitung: 5 Min.
Backzeit: 1 Min. 40 (800 W)

- **Für 4 kleine Mugs zu 100 ml**
  - 1 EL Butter
  - 8 Stückchen weiße Schokolade
  - 2 EL feiner Zucker
  - 2 EL gemahlene Mandeln
  - 3 EL Mehl
  - 1/2 EL Backpulver
  - 1/2 TL Vanillearoma (Pulver)
  - 1 Ei
  - 10 Himbeeren

1. In einem großen Becher die Butter und 4 Schokoladenstückchen 20 bis 30 Sekunden in der Mikrowelle schmelzen.

2. Zucker zugeben und verquirlen. Gemahlene Mandeln, Mehl, Backpulver und Vanillearoma zugeben. Gut mischen, dann das Ei unterrühren.

3. Die übrigen Schokoladenstücke grob zerkleinern und mit den Himbeeren in den Becher geben.

4. Den Teig auf vier Tassen aufteilen und 1 Minute 10 in der Mikrowelle backen.

Pfirsich-Mug-Cake

mit Minze

Zubereitung: 5 Min.
Backzeit: 1 Min. 30 (800 W)

• **Für 4 kleine Mugs zu 100 ml**

• 1 Ei

• 2 EL feiner Zucker

• 1 EL Sahne

• 4 EL Mehl

• 1/2 TL Backpulver

• das Innere einer halben
Vanilleschote

• 1 EL Butter

• 2 Stängel Minze

• 2 Pfirsiche oder Nektarinen

1. Die Eier in einem großen Becher mit dem Zucker verquirlen. Anschließend Sahne, Mehl, Backpulver und die Vanille zufügen.

2. Die Butter 20 Sekunden in der Mikrowelle schmelzen lassen und in den Becher geben.

3. Die Minze fein hacken. Die Pfirsiche oder Nektarinen in kleine Scheiben schneiden und zum Teig geben.

4. Den Teig auf vier Tassen aufteilen und 1 Minute 10 in der Mikrowelle backen. Mit ein paar Minzeblättern dekorieren.

Tipp
Servieren Sie diesen fruchtig-frischen Mug Cake mit Pfefferminzsirup, den Sie mit einem Spritzer Limettensaft noch verfeinern können!

Luftiger Mug Cake

mit Nüssen und Kirschen

Zubereitung: 5 Min.
Backzeit: 1 Min. 30 (800 W)

• Für 4 kleine Mugs zu 100 ml

• 1 Ei

• 3 EL feiner Zucker

• 1 EL gemahlene Haselnüsse

• 3 EL Mehl

• 1/2 TL Backpuver

• 3 EL Sahne

• 1 EL Butter

• 2 Handvoll Kirschen

1. Das Ei in einem großen Becher mit dem Zucker verquirlen und die gemahlenen Nüsse, Mehl und Backpulver zufügen.

2. Die Butter in der Mikrowelle 20 Sekunden schmelzen lassen und mit der Sahne unter die Teigmischung rühren.

3. Die Kirschen waschen, entstielen und entsteinen und zum Teig geben. Anschließend den Teig auf vier Tassen aufteilen und in der Mikrowelle 1 Minute 10 backen.

Birnen-Mug-Cake
mit Mandeln

Zubereitung: 7 Min.
Backzeit: 1 Min. 30 (800 W)

• Für 4 kleine Mugs zu 100 ml
- 2 EL gehobelte Mandeln
- 2 EL feiner Zucker
- 2 EL gemahlene Mandeln
- 3 EL Mehl
- 1/2 EL Backpulver
- 1 EL Butter
- 1 Ei
- 2 EL Sahne
- 2 Birnen

1. Die gehobelten Mandeln in einer beschichteten Pfanne einige Minuten rösten.

2. Zucker, gemahlene Mandeln, Mehl und Backpulver in einem großen Becher verrühren. Die Butter 20 Sekunden in der Mikrowelle schmelzen und in den Becher geben.

3. Ei und Sahne zufügen und gut verrühren. Die Birnen schälen, in kleine Stücke schneiden und zum Teig geben.

4. Den Teig auf vier Tassen aufteilen und in der Mikrowelle 1 Minute 10 backen. Mit den gehobelten Mandeln dekorieren.

Variante
Geben Sie 1 EL gehackte, karamellisierte Mandeln zum Teig und ersetzen Sie die gemahlenen Mandeln durch Haselnüsse. So erhalten Sie einen unwiderstehlich köstlichen Birnen-Nuss-Mug-Cake!

Zitronen-Mug-Cake

Zubereitung: 6 Min.
Backzeit: 1 Min. 30 (800 W)

· Für 4 kleine Mugs zu 100 ml

· 1 Ei

· 2 EL feiner Zucker

· 1 EL Sahne

· 1 EL Zitronensaft

· Schale einer halben Zitrone

· 1 EL Butter

· 1 EL gemahlene Mandeln

· 3 EL Mehl

· 1/2 TL Backpulver

· kleine bunte Zuckerperlen

Für die Glasur:

· 3 EL Puderzucker

· ein paar Tropfen Zitronensaft

1. Das Ei in einem großen Becher mit dem Zucker verquirlen. Sahne, Zitronensaft und –schale zufügen.

2. Die Butter 20 Sekunden in der Mikrowelle schmelzen und in den Becher gießen. Gemahlene Mandeln, Mehl und Backpulver unterrühren.

3. Den Teig auf vier Tassen aufteilen und in der Mikrowelle 1 Minute 10 backen.

4. Die Glasur zubereiten. In einer kleinen Schüssel den Puderzucker mit Zitronensaft zu einer glänzenden Masse verrühren. Die Mug Cakes damit bestreichen und mit den Zuckerperlen dekorieren.

Tipp
Besonders schön wirken die Mug Cakes, wenn man bunte Zuckerperlen direkt in die Glasur gibt!

Bananen-Mug-Cake

Zubereitung: 5 Min.
Backzeit: 1 Min. 30 (800 W)

- **Für 4 kleine Mugs zu 100 ml**
  - 1 kleine Banane
  - 2 EL feiner Zucker
  - 1 Päckchen Vanillezucker
  - 1 Ei
  - 1 EL Butter
  - 3 EL Mehl
  - 1/2 TL Backpulver
  - 1 EL gehackte, karamellisierte Mandeln

1. Die Banane in einem großen Becher mit dem Zucker und Vanillezucker zerdrücken. Das Ei hinzufügen.

2. Die Butter 20 Sekunden in der Mikrowelle schmelzen, anschließend in den Becher gießen. Mehl und Backpulver unterrühren.

3. Den Teig auf vier Tassen aufteilen und in der Mikrowelle 1 Minute 10 backen. Vor dem Servieren mit den gehackten, karamellisierten Mandeln bestreuen.

Tipp
Dieser Mug Cake schmeckt sehr gut mit einer Kugel Vanilleeis!

Mug Cake mit Quark

und Mangopüree

Zubereitung: 7 Min.
Ruhezeit: 2 Std.
Backzeit: 1 Min. 10 (800 W)

· Für 4 kleine Mugs zu 100 ml

· 1 Ei

· 3 EL feiner Zucker

· 1 EL Maisstärke

· 3 EL Quark

· 1/4 TL Vanillearoma (Pulver)

Für das Mangopüree:

· 1/2 reife Mango

· Saft einer Orange

· 1 EL Puderzucker

1. Das Püree zubereiten. Die geschälte Mango mit dem Orangensaft und Puderzucker in einem Mixer pürieren. In den Kühlschrank stellen.

2. Das Ei mit dem Zucker und der Stärke in einem großen Becher verquirlen. Quark und Vanillearoma unterrühren.

3. Den Teig auf vier Tassen aufteilen und 1 Minute 10 in der Mikrowelle backen.

4. Die Mug Cakes für mindestens 2 Stunden in den Kühlschrank stellen. Vor dem Servieren mit dem Mangopüree bestreichen.

Tipp
Für eine Kruste den Mug Cake mit zerbröselten Butterkeksen oder Spekulatius bestreuen!

Zeit für eine kleine Stärkung

Tartelette-Mug-Cakes

mit roten Früchten

Zubereitung: 7 Min.
Backzeit: 1 Min. 20 (800 W)

- **Für 4 kleine Tartelettes**
- 3 EL Mehl
- 1/2 TL Backpulver
- 4 EL feiner Zucker
- 1 Ei
- 1/2 TL flüssiges Vanillearoma
- 5 EL Sahne
- 1 EL Traubenkernöl
- 4 TL Erdbeermarmelade
- 8 kleine Erdbeeren
- 1 Schale Johannisbeeren

1. Mehl, Backpulver und Zucker in einem großen Becher vermischen. Das Ei, Vanillearoma, die Sahne und das Öl zugeben und gut verrühren. In der Mikrowelle 1 Minute 20 backen.

2. Nach dem Abkühlen den Mug Cake aus der Form lösen und in vier 1 cm dicke Scheiben schneiden.

3. Jede Scheibe mit 1 TL Erdbeermarmelade bestreichen und mit Erdbeeren und Johannisbeeren dekorieren.

Tipp
Nach Belieben die Tartelettes mit Puderzucker bestäuben.

Crumble-Mug-Cake

mit Pflaumen

Zubereitung: 5 Min.
Backzeit: 2 Min. (800 W)

- **Für 4 kleine Mugs zu 100 ml**
  - 12 rote Pflaumen
  - 1 EL Granatapfelsirup
  - 1 EL feiner Zucker
  - Schale einer halben Orange
  - 6 Butterkekse
  - 1/2 TL Zimtpulver
  - 1 EL gemahlene Haselnüsse
  - 1 EL Butter

1. Die Pflaumen entsteinen und in kleine Stücke schneiden. Mit Granatapfelsirup, Zucker und Orangenschale vermischen.

2. 1/2 bis 2 Minuten in der Mikrowelle garen, bis die Masse zu Kompott geworden ist. Auf vier Tassen verteilen.

3. Die Kekse in eine Schüssel bröseln und mit Zimt, Nüssen und der kalten Butter zu Streuseln verkneten. Den Crumble in die Tassen füllen und servieren.

Panna-Cotta-Becher

mit Vanille und Erdbeermarmelade

Zubereitung: 10 Min.
Ruhezeit: 2 Std.
Backzeit: 1 Min. 20 (800 W)

• Für 4 kleine Mugs zu 100 ml

- 2 Blätter Gelatine
- 1 Vanilleschote
- 250 ml Sahne
- 3 EL Puderzucker
- 4 TL Erdbeermarmelade
- 4 kleine Erdbeeren

1. Die Gelatine 5 Minuten in einer großen Schüssel mit kaltem Wasser einweichen.

2. Die Vanilleschote aufschneiden und das Innere herauskratzen. Zusammen mit der Sahne und dem Puderzucker in einem großen Becher 1 Minute 20 in der Mikrowelle erwärmen.

3. Die Gelatine ausdrücken und in den Becher geben. Gut vermischen, bis sie sich vollständig aufgelöst hat. Die Mischung auf vier Tassen aufteilen und für mindestens 2 Stunden in den Kühlschrank stellen.

4. Kurz vor dem Servieren 1 TL Erdbeermarmelade auf jede Panna Cotta geben und mit den Erdbeeren dekorieren.

Variante
Sie können die Panna Cotta auch mit Limettenschale verfeinern. Deren Aroma passt gut zu den Erdbeeren!

Muffin-Mug

mit Brombeeren

Zubereitung: 5 Min.
Backzeit: 1 Min. 10 (800 W)

• Für 4 kleine Mugs zu 100 ml

- 1 Ei
- 4 EL feiner Zucker
- 1/2 TL flüssiges Vanillearoma
- 5 EL Milch
- 1 EL Traubenkernöl
- 3 EL Mehl
- 1/2 TL Backpulver
- 1 Schale Brombeeren
- 2 EL Rohrzucker

1. Ei und Zucker in einem großen Becher verquirlen. Vanillearoma, Milch und Öl zufügen. Gut vermischen und anschließend Mehl und Backpulver unterrühren.

2. Die Brombeeren in Stücke schneiden und vorsichtig unter den Teig rühren.

3. Den Teig auf vier Tassen aufteilen, mit Rohrzucker bestreuen und 1 Minute 10 in der Mikrowelle backen.

Monster-Mug-Cake

Zubereitung: 5 Min.
Backzeit: 1 Min. 30 (800 W)

• Für 4 kleine Mugs zu 100 ml

- 1 EL Butter
- 1 EL Pistazienpaste
- 2 EL feiner Zucker
- 2 EL Mehl
- 1/2 TL Backpulver
- 1 Ei
- 3 EL Sahne
- 1 Apfel Granny Smith

Zum Dekorieren:

- grünes Marzipan
- weißes Marzipan
- 8 Schokotröpfchen

1. In einem großen Becher die Butter 20 Sekunden in der Mikrowelle schmelzen lassen. Anschließend die Pistazienpaste zufügen.

2. Die weiteren Zutaten nach und nach zugeben und dabei immer gut umrühren. Den Apfel schälen, in kleine Stücke schneiden und zum Teig geben.

3. Den Teig auf vier Tassen aufteilen und 1 Minute 10 in der Mikrowelle backen.

4. Die Verzierung vorbereiten. Dafür aus dem grünen Marzipan Ohren ausschneiden. Aus dem weißen Marzipan für die Augen kleine Kreise ausschneiden und jeweils 2 Schokotröpfchen hineinsetzen.

Tipp
Für die Feinschmecker:
Nach dem Backen ein paar
gehackte Pistazienkerne auf
dem Mug Cake verteilen!

Lustige

Festtagstörtchen

Cupcake-Mug

Zubereitung: 10 Min.
Backzeit: 1 Min. 30 (800 W)

• Für 4 kleine Mugs zu 100 ml

- 1 EL Butter
- 3 EL feiner Zucker
- 1 Ei
- 2 EL Mehl
- 1 EL Kakaopulver
- 1/2 TL Backpulver
- bunte Zuckerdekoration

Für die Glasur:

- 25 g Butter
- 75 g Philadelphia-Frischkäse
- 30 g Puderzucker
- 1/2 Vanilleschote

1. In einem großen Becher die Butter 20 Sekunden in der Mikrowelle schmelzen lassen. Nach und nach die weiteren Zutaten zugeben und immer gut umrühren.

2. Den Teig auf vier Tassen aufteilen und 1 Minute 10 in der Mikrowelle backen.

3. Die Glasur zubereiten. Dafür die Butter in einer Schüssel schaumig schlagen. Den Philadelphia-Käse zufügen, weiterrühren. Puderzucker und das Innere der halben Vanilleschote zugeben.

4. Die Mug Cakes mit der Glasur dekorieren und bunte Zuckerdekoration darüberstreuen.

Variante
Für helle Mug Cakes den Kakao durch 1 TL Vanilleextrakt ersetzen.

Dreifarbiger Mug Cake

Zubereitung: 6 Min.
Backzeit: 1 Min. 10 (800 W)

• Für 4 kleine Mugs zu 100 ml
- 4 EL Mehl
- 1 EL gemahlene Mandeln
- 2 EL feiner Zucker
- 1/2 TL flüssiges Vanillearoma
- 1 Ei
- 2 EL Milch
- 2 EL Traubenkernöl
- Speisefarben

1. In einer Schüssel alle Zutaten bis auf die Speisefarben nach und nach vermischen.

2. Den Teig in drei gleich große Teile auf drei Schüsseln verteilen und jeden mit einer anderen Farbe färben.

3. In jede Tasse die drei Teigarten übereinanderschichten und 1 Minute 10 in der Mikrowelle backen.

Tipp

Nehmen Sie Tassen aus Glas, damit die Kinder die verschiedenen Schichten sehen können. Schlagen Sie ihnen vor, die Teigschichten in den Farben der Länderflaggen, die sie kennen, einzufärben! Für Italien ist das Grün, Weiß und Rot.

Maoam-Mug-Cake

Zubereitung: 6 Min.
Backzeit: 2 Min. 10 (800 W)

• Für 4 kleine Mugs zu 100 ml

• 4 längliche Maoam-Stangen

• 3 EL Sahne

• 3 EL Butter

• 1 Ei

• 1 EL feiner Zucker

• 3 EL Mehl

• 1/2 TL Backpulver

Zum Dekorieren:

• 2 EL Sahne

• 3 Maoam-Stangen

• 1 Prise Salz

• 1 EL gehackte Pistazien

1. Die Dekoration zubereiten. Dafür die Sahne mit den gedrittelten Maoam-Stangen und dem Salz in eine kleine Schüssel geben und 30 Sekunden in der Mikrowelle kochen. Zur Seite stellen.

2. Die Maoam-Stangen in zwei oder drei Stücke schneiden und mit der Sahne und Butter in einen großen Becher geben. 30 Sekunden in der Mikrowelle kochen.

3. Das Ei zugeben und gut umrühren. Dann die übrigen Zutaten zufügen und gut unterrühren. Den Teig auf vier Tassen aufteilen. 1 Minute 10 in der Mikrowelle backen.

4. Zum Servieren mit der Maoam-Soße und den gehackten Pistazien dekorieren.

Tipp
Wenn die Maoam in der Mikrowelle nicht ganz geschmolzen sind, erhitzen Sie sie noch einmal für 10 Sekunden und rühren Sie die Masse gut um.

Mug Cake mit Zucker-Erdbeeren

Zubereitung: 8 Min.
Backzeit: 1 Min. 10 (800 W)

- **Für 4 kleine Mugs zu 100 ml**
  - 6 EL Sahne
  - 10 Haribo Schaumzucker-Erdbeeren
  - 3 EL Mehl
  - 1/2 TL Backpulver
  - 1 EL feiner Zucker
  - 1 Ei
  - 1 EL Traubenkernöl

1. Die Sahne mit 6 Schaumzucker-Erdbeeren in einem kleinen Topf erwärmen, bis die Erdbeeren vollständig geschmolzen sind.

2. Mehl, Backpulver und Zucker in einem großen Becher vermischen. Das Ei, die Erdbeer-Sahne und das Öl zugeben und gut verrühren.

3. Die restlichen 4 Schaumzucker-Erdbeeren grob zerkleinern und zum Teig geben. Den Teig auf vier Tassen aufteilen und 1 Minute 10 in der Mikrowelle backen.

Confetti-Mug-Cake

Zubereitung: 5 Min.
Backzeit: 1 Min. 10 (800 W)

- **Für 4 kleine Mugs zu 100 ml**
  - 3 EL Mehl
  - 1/2 TL Backpulver
  - 3 EL feiner Zucker
  - 1/2 TL Zimtpulver
  - Schale einer halben Orange
  - 1 Ei
  - 5 EL Sahne
  - 1 EL Traubenkernöl
  - 1 EL bunte Streusel

1. Mehl, Backpulver, Zucker, Zimt und Orangenschale in einem großen Becher vermischen. Das Ei, die Sahne und das Öl zugeben und gut verrühren.

2. Die bunten Streusel unterrühren und den Teig auf vier Tassen aufteilen. 1 Minute 10 in der Mikrowelle backen.

Tipp
Sie können den Teig mit den Lieblingsaromen Ihres Kindes verfeinern: mit Zitronenschale, Vanille oder mit Kakao!

Falsche Tassen

Zubereitung: 7 Min.
Backzeit: 1 Min. 30 (800 W)

• Für 4 kleine Mugs zu 100 ml

• 1 EL Butter

• 3 EL feiner Zucker

• 1 Ei

• 3 EL Mehl

• 1 EL Kakaopulver

• 1/2 TL Backpulver

Für die „falschen Tassen":

• 150 g farbiges Marzipan

1. In einem großen Becher die Butter 20 Sekunden in der Mikrowelle schmelzen. Die übrigen Zutaten nach und nach hinzufügen und jedes Mal gut umrühren.

2. Den Teig auf vier Tassen aufteilen und 1 Minute 10 in der Mikrowelle backen. Einige Minuten abkühlen lassen und dann aus den Tassen lösen.

3. Die „falschen Tassen" zubereiten. Dafür das Marzipan 3 mm dick ausrollen und vier Rechtecke ausschneiden. Die Seiten sollten genauso lang wie der Umfang der benutzten Tassen sein. Für die Henkel vier kleine Würste ausrollen.

4. Das Marzipan um die Mug Cakes rollen und die Henkel auf einer Seite daran befestigen.

Tipp
Das Marzipan leicht anfeuchten, damit es sich besser um die Mug Cakes rollen lässt.

Supermann-Mug-Cake

Zubereitung: 10 Min.
Backzeit: 1 Min. 30 (800 W)

• Für 4 kleine Mugs zu 100 ml

• 1 EL Butter

• 2 EL feiner Zucker

• 1 Päckchen Vanillezucker

• 1 Ei

• 1 Messerspitze blaue Lebensmittelfarbe

• 4 EL Milch

• 4 EL Mehl

• 1/2 TL Backpulver

Für die „Supermann"-Dekoration:

• 100 g roter Rollfondant

• 50 g gelber Rollfondant

1. Die Dekoration vorbereiten. Dafür viermal den Buchstaben „S" für „Supermann" aus dem Rollfondant ausschneiden.

2. In einem großen Becher die Butter in der Mikrowelle 20 Sekunden schmelzen. Zucker und Vanillezucker zugeben und kräftig rühren. Das Ei unterrühren. Schließlich die blaue Lebensmittelfarbe und die Milch, dann Mehl und Backpulver zufügen.

3. Den Teig auf vier Tassen aufteilen und 1 Minute 10 in der Mikrowelle backen.

4. Wenn die Mug Cakes etwas abgekühlt sind, die Dekoration anbringen.

Tipp

Die Dekoration zunächst mit Bleistift auf Backpapier vorzeichnen: es dient den Kindern dann als Schablone! Bevor Sie den Rollfondant ausrollen, die Arbeitsfläche erst mit Puderzucker und / oder Maisstärke bestäuben.

Abwechslungsreiche

Snacks

Sportler-Snack

Mug Cake mit Banane, Nüssen und Kakao

Zubereitung: 9 Min.
Backzeit: 1 Min. 30 (800 W)

• Für 2 Mugs zu 200 ml

- 1 kleine Banane
- 2 EL feiner Zucker
- 1 Päckchen Vanillezucker
- 1 Ei
- 1 EL Butter
- 3 EL Mehl
- 1/2 TL Backpulver
- 1 EL gemahlene Haselnüsse

Für den Kakao:

- 50 g dunkle Schokolade
- 100 ml Milch
- 4 EL Sahne
- 2 EL feiner Zucker

1. Die Banane mit Zucker und Vanillezucker in einem großen Becher zerdrücken. Das Ei zufügen. Die Butter 20 Sekunden in der Mikrowelle schmelzen, dann in den Becher gießen. Das Mehl, Backpulver und die Nüsse unterrühren.

2. Den Teig auf zwei Becher aufteilen und in der Mikrowelle 1 Minute 10 backen.

3. Den Kakao zubereiten. Dafür die Schokolade grob hacken. Milch und Sahne in einem kleinen Topf zum Kochen bringen. Den Herd ausschalten und Schokolade und Zucker zufügen. Gut umrühren und mit den Mug Cakes servieren.

Ideal um nach einem sportlichen Wettkampf die Batterien aufzuladen! Dieser Snack ist ausgewogen und besonders für unsere großen Sportler gut geeignet.

Leichter Snack

Mug Cake mit Apfel, Früchten und einem Glas Milch

Zubereitung: 5 Min.
Backzeit: 1 Min. 10 (800 W)

• Für 4 kleine Mugs zu 100 ml

- 1 Apfel Gala Royal
- 1 Ei
- 2 EL feiner Zucker
- 1 EL Crème fraîche
- 2 EL Apfelkompott
- 1/2 TL flüssiges Vanillearoma
- 1 EL gemahlene Haselnüsse
- 2 EL Mehl
- 1/2 TL Backpulver

Für die Früchte:

- 4 weiße Trauben
- 4 Himbeeren
- 4 Erdbeeren

Für das Getränk:

- Milch

1. Den Apfel in kleine Stücke schneiden. Das Ei mit dem Zucker in einem großen Becher verquirlen. Crème fraîche, Kompott und Vanillearoma zufügen. Dann Nüsse, Mehl und Backpulver unterrühren.

2. Die Apfelstücke zufügen und den Teig auf vier Tassen aufteilen. In der Mikrowelle 1 Minute 10 backen.

3. Jeden Mug Cake mit frischen Früchten und einem Glas Milch servieren.

Mit diesem Snack nehmen die Kinder viele Vitamine zu sich!

Amerikanischer Snack

Mug Cookie, Apfelsalat und Cranberrysaft

Zubereitung: 7 Min.
Backzeit: 1 Min. 40 (800 W)

• **Für 4 kleine Mugs zu 100 ml**

• 1 Ei

• 4 EL Rohrzucker

• 1 EL feiner Zucker

• 1 Prise Salz

• 5 EL Mehl

• 1 TL Backpulver

• 2 EL Butter

• 2 EL Schokotröpfchen

Für den Apfelsalat:

• 2 Äpfel

• 2 EL Honig

• einige Tropfen Zitronensaft

• 1/2 TL Zimtpulver

Für das Getränk:

• Cranberrysaft

1. Den Apfelsalat zubereiten. Dafür die Äpfel schälen und mit einem Kugelausstecher kleine Kugeln formen. Mit Zitronensaft, Honig und Zimt vermischen.

2. In einem großen Becher das Ei mit dem Rohrzucker, Zucker und Salz verquirlen. Mehl und Backpulver zufügen. Die Butter in der Mikrowelle 20 Sekunden schmelzen und zum Teig gießen. Zum Schluss die Schokotröpfchen unterrühren.

3. Den Teig auf vier Tassen aufteilen und 1 Minute 20 in der Mikrowelle backen.

4. Die Mug Cakes mit dem Apfelsalat und Cranberrysaft servieren.

Für den Snack New York entgegen reisen!

Genehmigte Lizenzausgabe für die **garant** Verlag GmbH,
Benzstraße 56, 71272 Renningen, Deutschland
www.garant-verlag.de

© Copyright des deutschen Textes: **garant** Verlag GmbH, Renningen, 2015
Alle Rechte vorbehalten.

Deutsche Übersetzung:
Dr. Katrin Korch, Baden-Baden

Satz: Martin Jablonka, Rastatt

© Copyright der französischen Originalausgabe:
Mug cakes du goûter
© Larousse, Paris, 2014

Die Übersetzung des Titels wurde nach Vereinbarungen mit Larousse
produziert.

ISBN: 978-3-7359-1057-8